Meine ersten Wörter und Sätze

TÜRKISCH

Angela Wilkes/Celal Özcan
Bilder von John Shackell

Gesamtentwurf Roger Priddy

INHALT

Dieses Buch

Eine Reise ins Ausland macht viel mehr Spaß, wenn du verstehst, was die Leute sagen. Eine Sprache zu lernen ist viel einfacher, als du denkst. Mit diesem Buch lernst du Türkisch, wie du es jeden Tag brauchen kannst.

Du lernst zu sagen

wer du bist

wo du herkommst

wieviel Uhr es ist

was du magst

wie man nach dem Weg fragt

was du einkaufen willst.

Und so funktioniert es:

Bildergeschichten zeigen dir, was man in bestimmten Situationen sagt. Lies die Texte in den Sprechblasen. Probiere aus, wieviel du verstehst; dann sieh die Wörter nach, die du nicht kennst.
Wörter und Ausdrücke werden oft wiederholt. So prägen sie sich dir leichter ein.

Das Buch fängt mit ganz einfachen Ausdrücken an und wird gegen Ende schwieriger.

Neue Wörter

Auf jeder Doppelseite findest du einige neue Wörter aufgelistet und deutlich abgesetzt. So kannst du sie beim Weiterlesen leicht finden. Hast du einmal ein Wort vergessen, dann schau einfach in die Wortliste (Seite 46 bis 48). Wenn ein Wort mit einem Sternchen gekennzeichnet ist: siehe unterer Seitenrand.

Sprachregeln

In Kästchen wie diesem wird erklärt, wie türkische Wörter und Sätze gebildet werden. Es macht nichts, wenn du nicht alles auf Anhieb verstehst. Alle Sprachformen werden häufig wiederholt. Im übrigen findest du auf den Seiten 42 und 43 eine Zusammenfassung aller in diesem Buch erwähnten Sprachregeln.

Aussprache

Auf Seite 41 erklären wir anhand von Beispielen, wie das Türkische ausgesprochen wird. Dann ein Vorschlag: Höre dir möglichst oft türkische Musik oder türkische Gespräche an.

Übungen

Im ganzen Buch findest du kleine Aufgaben, die dir helfen, dein Türkisch zu üben. Auf den Seiten 44 und 45 kannst du überprüfen, ob deine Antworten richtig waren.

Was du sonst noch tun kannst

Schreib alle neuen Wörter in ein Vokabelheft, und lern jeden Tag ein paar davon. Fünf oder zehn Minuten genügen. Wiederhole die gelernten Wörter ab und zu. Vielleicht kannst du jemanden bitten, dich gelegentlich abzuhören oder, noch besser, mit dir zusammen Türkisch zu lernen. Dann könnt ihr miteinander üben.
Unterhaltet euch möglichst viel auf türkisch! Keine Angst vor Fehlern!

„Hallo" und „Auf Wiedersehen"

Zuerst lernst du, wie man sich begrüßt. Man spricht sich meist mit dem Vornamen an und setzt **Bey** (Herr) bzw. **Hanım** (Frau) dahinter. Triffst du Mustafa Yalçın, so begrüßt du ihn morgens mit **Günaydın, Mustafa Bey**. Kennst du ihn, nicht aber seinen Namen, sagst du **Günaydın, beyefendi**. Frau Ülkü Yalçın wird mit **Günaydın, Ülkü Hanım** bzw. **Günaydın, hanımefendi** begrüßt. Für Mädchen und unverheiratete Frauen gibt es keine besondere Anredeform.

„Hallo"

Merhaba sagt man, wenn man sich kennt.

„Guten Morgen" heißt **Günaydın.**

Abends sagt man **İyi akşamlar.**

„Auf Wiedersehen"

Hoşça kal gebraucht man wie „Tschüs".

Auf die Verabschiedung **Allahaısmarladık** folgt **Güle güle**.

„Gute Nacht"

İyi geceler sagt man vor dem Schlafengehen.

„Wie geht's?"

So grüßt man und fragt, wie es geht.

Diese Frau sagt: „Danke, sehr gut."

Aber dieser Herr meint, es könnte besser gehen.

Nasılsın?

Hier siehst du verschiedene Möglichkeiten, auf die Frage **Nasılsın?** zu antworten. Was glaubst du, werden diese Leute antworten, wenn du dich nach ihrem Befinden erkundigst?

çok iyi	sehr gut
iyi	gut
fena değil	ganz gut
şöyle böyle	es geht
pek iyi değil	nicht so gut
kötü	furchtbar

Wie heißt du?

Möchtest du wissen, wie du dich selbst und deine Freunde vorstellen kannst? Die Bildergeschichten auf dieser Seite zeigen dir, wie du das machst. Lies die Texte in den Sprechblasen, dann kannst du die Fragen auf der nächsten Seite beantworten.

Neue Wörter

ben/sen	ich/du
o	er/sie/es
onlar	sie (Plural)
adın ne?	wie heißt du?
adım ...	ich heiße ...
onun adı ne?	wie heißt er/sie/es?
onun adı ...	er/sie/es heißt ...
onların adları ne?	wie heißen sie?
onların adları ...	sie heißen ...
bu kim?	wer ist das (hier)?
o kim?	wer ist das (dort)?
bu/o ...	das ist/es ist ...
arkadaşım	mein Freund/ meine Freundin
ya seninki?	und deiner (dein Name)?
evet	ja
hayır	nein
nasılsın?	wie geht es dir?
teşekkürler, iyiyim	danke, gut
yine görüşürüz	bis bald (wir sehen uns wieder)

Possessivpronomen

Die Possessivpronomen „mein" (**benim**), „dein" (**senin**), „sein"/ „ihr" (**onun**) entfallen, wenn sie nicht betont sind oder keine Personen gegenübergestellt werden. Die Besitzform wird durch Endungen ausgedrückt: **ad** (der Name), **adım** (mein Name), **adın** (dein Name), **adı** (sein/ihr Name).

Freunde vorstellen

Wie heißen diese Leute?

Kannst du auf türkisch antworten?

Wer ist wer?

Weißt du die Antworten auf die Fragen unter dem Bild? (Vergleiche sie mit denen auf Seite 44.)

Wer spricht mit Sinan?
Wer spricht mit Özlem?

Wer heißt Halil?
Wer spricht mit ihm?

Wer liest Zeitung?
Wer geht nach Hause?

Erinnerst du dich?

Wie fragst du jemanden, wie er heißt?
Wie stellst du dich selber vor?

Du hast eine Freundin namens Fatma. Wie stellst du sie vor?
Wie könntest du jemandem sagen, daß dein Freund Ali heißt?

* Zur Frageform siehe Seite 11 und 42.

Wie nennt man ...?

Alle Gegenstände auf diesem Bild sind mit ihrem Namen bezeichnet. Versuche diese Wörter zu lernen.

Auf der gegenüberliegenden Seite kannst du überprüfen, welche du behalten hast.

Artikel

Im Türkischen gibt es keinen Artikel. Willst du sagen, daß es sich um genau eine Sache handelt, verwendest du **bir** (ein/eine).

Mehrzahl (Plural)

Die Pluralendung hat die Formen **-ler** und **-lar**; sie unterliegt der kleinen Vokalharmonie: An Wörter, deren letzter Vokal ein **e, i, ö, ü** ist, wird die Endung **-ler** angefügt. An Wörter, deren letzter Vokal ein **a, ı, o, u** ist, wird **-lar** angehängt.

kedi	Katze	**elma**	Apfel
kediler	Katzen	**elmalar**	Äpfel
gül	Rose	**çocuk**	Kind
güller	Rosen	**çocuklar**	Kinder

Namen und Wörter erfragen

Es macht nichts, wenn dir einmal ein türkisches Wort fehlt. Du kannst ja fragen. Hier ist eine kleine Liste mit nützlichen Sätzen, die dir dabei helfen werden. Wie man sie anwendet, zeigen die Bilder.

bu ne?	was ist das?
bu ...	das ist ...
bu ne demek?	wie heißt das?
bu ... demek	das heißt ...
Almanca	auf deutsch
Türkçe	auf türkisch
ya	und

Erinnerst du dich?

Deck einmal die linke Seite ab. Weißt du noch, wie diese Dinge auf türkisch heißen? Und wie heißt die Mehrzahl? Auf Seite 44 steht's.

* **Bu, çiçek** heißt „das ist eine Blume". Im Türkischen gibt es die Form „ist" nicht (siehe Seite 13).

Woher kommst du?

„Woher kommst du?“ heißt auf türkisch **Nerelisin**? (wörtlich „Woher stammend bist du?“). An das Stammwort **nere-** wird **-li** angehängt. Bei der Antwort wird an den Herkunftsort ebenfalls **-li** angefügt: **Madridli** heißt „aus Madrid“. Die vier Varianten **-li**, **-lı**, **-lü**, **-lu** entsprechen der großen Vokalharmonie.

Neue Wörter

Türküm	ich bin Türke/Türkin
nerede oturuyorsun?	wo wohnst du?
İstanbul'da oturuyorum	ich wohne in Istanbul
... biliyor musun?	sprichst du ...?
... biliyorum	ich spreche ...
biraz	ein bißchen
Almanca	deutsch
Türkçe	türkisch
Almanya	Deutschland
Türkiye	Türkei
Fransa	Frankreich
Hindistan	Indien
İspanya	Spanien
Macaristan	Ungarn
Avusturya	Österreich
İskoçya	Schottland

Wo kommst du her?

Sprichst du Türkisch?

Wer kommt woher?

Hier siehst du die Teilnehmer eines internationalen Tanzturniers. Der Ansager spricht nur deutsch. Deshalb ist ihm entgangen, woher die Teilnehmer kommen. Kannst du ihm helfen? Seine Fragen stehen unter den Bildern. (Die Antworten findest du auf Seite 44.)

Woher kommt Franz?
Wie heißen die indischen Teilnehmer?
Sind auch Franzosen dabei?
Ist Lolita Italienerin?
Woher kommen Hari und Indira?
Tanzt jemand aus Schottland mit?
Woher kommt Pierre?
Wer wohnt in Budapest?

Tätigkeitswörter (Verben)

Die Infinitivendung ist **-mek** bzw. **-mak,** entsprechend der kleinen Vokalharmonie. An den Verbstamm wird **-yor** und die Personalendung angehängt. Lautet der Verbstamm konsonantisch aus, wird ein Bindevokal (**i, ü, ı** oder **u**) eingeschoben, welcher der großen Vokalharmonie unterliegt (siehe Seite 42).

bilmek	wissen, sprechen
bil-i-yor-um	ich spreche
bil-i-yor-sun	du sprichst
bil-i-yor	er/sie/es spricht
bil-i-yor-uz	wir sprechen
bil-i-yor-sunuz	ihr sprecht; Sie sprechen
bil-i-yor-lar	sie sprechen

Frageform

Fragen, die nicht mit einem Fragewort eingeleitet werden, bildet man mit **mi**, **mı**, **mü**, **mu** (nach der großen Vokalharmonie).

Das Fragewörtchen wird dem in Frage stehenden Wort nachgestellt: **Ali mi geliyor?** oder **Ali geliyor mu?** (Kommt Ali?). In Verbindung mit Verben steht das Wörtchen vor der Personalendung: **Geliyor musun?** (Kommst du?).

Alter und Geschwister

Hier steht, wie du sagst, wie alt du bist und ob du Geschwister hast.

Neue Wörter

kaç yaşındasın?	wie alt bist du?
... yaşındayım	ich bin ... Jahre alt
var	ist vorhanden, existiert
yok	ist nicht vorhanden, existiert nicht
kardeş	Geschwister
erkek kardeş	Bruder
kız kardeş	Schwester
kız	Mädchen
erkek	Mann
erkek kardeşin var mı?	hast du einen Bruder?
ile	mit, und
ama	aber
köpek	Hund

„Haben"

„Haben" wird mit den besitzanzeigenden Endungen (siehe Seite 6 und 43) und mit **var**, „nicht haben" mit **yok** ausgedrückt: **erkek kardeşim var** heißt „ich habe einen Bruder" (wörtlich „mein Bruder existiert"), **erkek kardeşin var** „du hast einen Bruder", **erkek kardeşi var** „er hat einen Bruder".

Die Zahlen

1	**bir**	11	**on bir**
2	**iki**	12	**on iki**
3	**üç**	13	**on üç**
4	**dört**	14	**on dört**
5	**beş**	15	**on beş**
6	**altı**	16	**on altı**
7	**yedi**	17	**on yedi**
8	**sekiz**	18	**on sekiz**
9	**dokuz**	19	**on dokuz**
10	**on**	20	**yirmi**

Wie alt bist du?

Hast du Geschwister?

Wie alt sind sie?

Lies, was diese Kinder sagen. Weißt du jetzt, wie alt sie sind?

Wie viele Mädchen, wie viele Jungen?

Wie viele Mädchen sind in Gruppe A?
Wie viele Jungen sind in Gruppe B?
Wie viele Mädchen sind in Gruppe C?
Wer ist in Gruppe D?
Wie viele Mädchen sind in Gruppe E?
Wie viele Mädchen sind es insgesamt?
Die Antworten findest du auf Seite 44.
Beachte: Im Türkischen steht hinter dem Zahlwort immer der Singular.

„sein"		
Das Hilfsverb „sein" wird mit Personalendungen ausgedrückt. Sie unterliegen der großen Vokalharmonie, also je nach vorausgehendem Vokal **-im, -ım, -um, -üm**.	-im -sin - -iz -siniz -ler	(ich bin) (du bist) (er/sie/es ist) (wir sind) (ihr seid/Sie sind) (sie sind)

Engländer(in) sein	Türke/Türkin sein
İngiliz-im	Türk-üm
İngiliz-sin	Türk-sün
İngiliz	Türk
İngiliz-iz	Türk-üz
İngiliz-siniz	Türk-sünüz
İngilizler	Türk-ler

Deine Familie

Hier findest du viele Wörter, mit denen du deine Familie beschreiben kannst.

Außerdem wiederholst du die Formen „mein", „dein", „sein" von Seite 6.

Wer ist wer?

Neue Wörter

		teyze, hala, yenge	Tante**	**sarışın**	blond
baba	Vater			**esmer**	dunkelhaarig
büyükbaba	Großvater	**aile**	Familie	**sevimli**	liebevoll
anne	Mutter	**şişman**	dick	**uzun boylu**	groß (Körper)
büyükanne	Großmutter	**zayıf**	dünn	**kısa boylu**	klein (Körper)
dayı, amca, enişte	Onkel**	**yaşlı**	alt	**büyük**	groß
		genç	jung	**küçük**	klein

Mein, dein, sein ...

Erinnerst du dich? Im Türkischen werden die Besitzformen mit Endungen ausgedrückt. Für „mein" heißt die Endung **-im**, **-ım**, **-üm**, **-um** (entsprechend der großen Vokalharmonie; siehe Seite 42).

(benim) kardeşim	mein Bruder
(senin) kardeşin	dein Bruder
(onun) kardeşi	sein/ihr Bruder

Kannst du jetzt sagen, wie alt dein Bruder und deine Schwester sind? „Ist ... alt." heißt ... **yaşında**.

* **Köpek** und **-im** wird zu **köpeğim** (Erweichung).

** **Dayı** (Onkel) und **teyze** (Tante) sind Bruder bzw. Schwester der Mutter; **amca** (Onkel) und **hala** (Tante) sind Bruder bzw. Schwester des Vaters. Angeheiratete Onkel und Tante heißen **enişte** und **yenge**.

Wie du deine Familie beschreibst

Steckbriefe

Kannst du diese Räuber be schreiben? Benutze möglichst viele der neuen Adjektive. Beginne jede Beschreibung mit **o** ... (er/sie ist ...), z.B.: **O uzun boylu, genç ve sarışın.** (Er ist groß, jung und blond.) Beschreibe dich auch selbst. Beginne mit **ben ...-im/-ım/-üm/-um** (ich bin ...), z. B. **Ben esmerim.** (Ich bin dunkelhaarig.)

Bei dir zu Hause

Hier lernst du zu sagen, wo und in welcher Umgebung du wohnst. Außerdem wirst du die Namen der verschiedenen Zimmer eines Hauses kennenlernen.

Neue Wörter

yoksa	oder (bei Fragen)
ev	Haus
apartman	Wohnung
şato	Schloß
şehirde	in der Stadt
köyde	auf dem Land, im Dorf
sahilde	am Meer
Boğaz'da	am Bosporus
hayalet	Gespenst
nine	Oma
dede	Opa
neredesin?	wo bist du?
oda	Zimmer
yemek odası	Eßzimmer
yatak	Bett
yatak odası	Schlafzimmer
oturma odası	Wohnzimmer
divan	Sofa
mutfak	Küche
banyo	Bad
burada	hier
buradayım	ich bin hier

Wo wohnst du?

Stadt oder Land?

* Denk daran: Das Fragewörtchen **mi**, **mı**, **mü**, **mu** wird dem in Frage stehenden Wort nachgestellt.

Wo stecken sie alle?

Papa kommt nach Hause. Er will wissen, wo sich die verschiedenen Familienmitglieder gerade befinden. Kannst du es ihm sagen? Z. B. **Nine oturma odasında**.

Kim yemek odasında?
Kim yatak odasında?
Kim mutfakta?
Kim banyoda?
Nine nerede?
Hayalet nerede?
Köpek nerede?
Musa nerede?

Willst du ausdrücken, was du im Moment machst, verwendest du die Form auf **-yorum** (siehe Seite 11). Wenn du etwas regelmäßig Wiederkehrendes und Dauerhaftes beschreibst, mußt du eine andere Form benutzen, die auf Seite 20 erklärt wird.

-de und -da

nerede?	wo?
evde	im Haus, zu Hause
köyde	im Dorf
banyoda	im Bad
mutfakta	in der Küche

Bei Ortsangaben steht die Endung **-de**, wenn der vorausgehende Vokal **e**, **i**, **ö**, **ü** ist; die Endung **-da** steht, wenn der Vokal **a**, **ı**, **o**, **u** lautet.

Beachte: Wenn ein **k** vorausgeht, wird **d** zu **t** erhärtet (**mutfakta**).

* **y** ist hier Füllkonsonant zwischen zwei Vokalen.

Sachen suchen

Jetzt geht's um Möbel und einen verschwundenen Hamster.

Neue Wörter

aramak	suchen
hamster	Hamster
koltuk	Sessel
sandalye	Stuhl
perde	Vorhang
çiçek	Pflanze, Blume
raf	Regal
masa	Tisch
halı	Teppich
kanepe	Sofa
vazo	Vase
telefon	Telefon
dolap	Schrank
televizyon	Fernseher
kuş	Vogel
burda	hier
kayıp	verloren (-gegangen)
-in önünde	vor
-in arkasında	hinter
-in üstünde	auf, über
-in altında	unter
-in arasında	zwischen
-in yanında	neben
-in içinde	in

Verneinung

Masanın üstünde mi?
Ist er auf dem Tisch?
Hayır, masanın üstünde değil.
Nein, er ist nicht auf dem Tisch.
Sätze, in denen im Türkischen „ist" oder „sind" unausgesprochen bleibt, werden mit **değil** verneint. Bei einem negativen Fragesatz wird das Fragewort **mi** nachgestellt: **Perdenin arkasında değil mi?** (Ist er nicht hinter dem Vorhang?).

Wo ist der Hamster?

In, auf oder unter?

Diese Wörter mußt du einfach lernen. Das Verhältniswort steht im Türkischen hinter dem Substantiv. Das Substantiv erhält die Endung **-in**, **-ın**, **-ün**, **-un** (entsprechend der großen Vokalharmonie); z. B. **evin önünde** (vor dem Haus).

Wo verstecken sich die Tiere?

Kannst du Mustafa Bey sagen, wo sich seine Lieblingstiere verstecken? Verwende die obigen Lagebezeichnungen. (Auf Seite 45 stehen die Antworten.)

Was möchtest du essen?

Neue Wörter

... sever misin?	magst du ...?
... severim	ich mag ...
... sevmem	... mag ich nicht
peki	nun, also
çok	sehr
daha çok	lieber
en çok	am liebsten
balık	Fisch
patates	Kartoffel
patates kızartması	Pommes frites
pilav	Reis
pasta	Kuchen, Torte
sucuk	Wurst
pirzola	Kotelett
lahmacun	eine Art Pizza
ekmek	Brot
makarna	Nudeln
ben de	ich auch

Die Gegenwart auf -r

Neben der Gegenwart auf **-yor** gibt es die „unbestimmte" Gegenwart auf **-r**. Sie wird durch Anhängen von **-r** und der Personalendung an den Stamm gebildet und drückt Dauer und Gewohnheit einer Handlung aus. (siehe auch Seite 43).

Was magst du gern?

Was magst du am liebsten?

Was wird hier gegessen?

Wer mag was?

Hier sagen alle, die am Tisch sitzen, was sie mögen. Vielleicht kannst du die Fragen unter dem Bild beantworten. Die Antworten stehen auf Seite 45.

Wer mag am liebsten Obstkuchen?
Wer mag keinen Schinken?
Was mag der Gorilla?
Was mag Tuncay?

Kannst du auf türkisch sagen, was du am liebsten magst und was du nicht magst? Jetzt verdecke einmal das Bild. Erinnerst du dich an die Worte für Schinken, Käse, Brot, Butter und Obsttorte?

Tischgespräche

Hier erfährst du, was man bei Tisch sagt.

Neue Wörter

sofraya!	zu Tisch!
lütfen	bitte
acıktım	ich habe Hunger
buyur	bitte sehr
afiyet olsun	guten Appetit
sağ ol	danke
sana da	dir auch
bana	mir
bardak	Glas
su	Wasser
ekmek	Brot
dilim	Scheibe
bir bardak su	ein Glas Wasser
meze	Vorspeise
vermek	geben
... verir misin?	gibst du ...?
... verir misiniz?	geben Sie ...?
biraz daha	etwas mehr, noch etwas
et	Fleisch
börek	gefüllter Blätterteig
yeter	genug
nasıl?	wie?
tadı nasıl?	wie schmeckt's?
harika	wunderbar

Das Essen ist fertig

Gibst du mir bitte ...

Möchten Sie noch etwas ...?

Wer sagt was?

Hier siehst du verschiedene Leute beim Essen. Weißt du, wie sie sich auf türkisch ausdrücken würden? Versuch's mal, ohne nachzuschauen. (Im Notfall steht's auf Seite 45.)

Ayhan sagt, daß er Hunger hat.

Der Koch wünscht guten Appetit.

Sevinç sagt: Bedien dich!

Musa bittet um ein Glas Wasser.

Mama bietet Ayhan mehr Pommes an.

Er sagt: „Ja, bitte!"

... aber jetzt hat er genug gegessen.

Ali findet das Essen prima.

Beachte:

Im Türkischen bietest du einem Freund etwas an mit ... **ister misin?** (Möchtest du ...?). Die Höflichkeitsform lautet ... **ister misiniz?** (Möchten Sie ...?).

Über Hobbys

Diese Leute sprechen über das, was sie gerne tun.

Neue Wörter

özel zevkler	Hobbys
yapmak	tun, machen
etmek	tun
resim	Bild
resim yapmak	ein Bild malen
elişleri	Handarbeiten
halı dokumak	Teppich weben
dans etmek	tanzen
kitap	Buch
okumak	lesen
televizyon seyretmek	fernsehen
örgü örmek	stricken
yüzmek	schwimmen
futbol oynamak	Fußball spielen
müzik	Musik
enstrüman	Instrument
keman	Violine
piyano çalmak	Klavier spielen
akşamları	abends

Beachte:

okumayı severim	ich lese gern
yemek pişirmeyi severim	ich koche gern
dans etmeyi severim	ich tanze gern

In dieser Konstruktion wird die Infinitivendung **-mak**, **-mek** (okumak, etmek) zu **-mayı**, **-meyi** (okumayı, etmeyi).

Wörtlich übersetzt heißt **Okumayı severim.** „Ich liebe das Lesen." Die Form **okumayı** ist der Akkusativ des Infinitivs **okumak**.

Was machst du abends?

Sportsleute

Musikliebhaber

Was machen sie?

Was tun diese Leute gerade? Kannst du es auf türkisch sagen? (Siehe Seite 45.) Kannst du den Koch fragen, was er gerade tut? Was antwortet der Koch? Und die anderen?

Die Uhrzeit

Hier lernst du, wie man die Uhrzeit angibt und danach fragt. Merk dir: „Halb sieben" wird im Türkischen mit „sechs halb", also **altı buçuk**, wiedergegeben.

Neue Wörter

affedersiniz	entschuldigen Sie
saat	Uhr, Stunde
saat kaç	wieviel Uhr
buçuk	halb
çeyrek	Viertel
kalkmak	aufstehen
kahvaltı yapmak	frühstücken
okula gitmek	zur Schule gehen
yemek yemek	essen
öğle yemeği	Mittagessen
akşam yemeği	Abendessen
yatağa gitmek	zu Bett gehen

Es ist ... Uhr

saat* sekize beş var
es ist 5 vor 8
An die Stunde wird **-e** bzw. **-a** (kleine Vokalharmonie) angehängt, dann kommen die Minuten. „Vor" wird mit **var** wiedergegeben.
saat sekizi beş geçiyor
es ist 5 nach 8
An die Stunde wird **i**, **ı**, **ü**, **u** (große Vokalharmonie) angehängt. „Nach" heißt **geçiyor**.

Um ... Uhr

Auf die Frage „wann?" (**ne zaman?**) oder „um wieviel Uhr?" (**saat kaçta?**) wird „vor" bzw. „nach" mit **kala** bzw. **geçe** wiedergegeben:

saat sekize beş kala um 5 vor 8

Bei vollen und halben Stunden wird „um ... Uhr" mit **saat ...-de** bzw. **saat ...-da** wiedergegeben:

saat altıda um 6 Uhr

Wieviel Uhr ist es?

Jetzt ist es ...

Saat dokuzu beş geçiyor.

Saat dokuzu çeyrek geçiyor.

Saat dokuz buçuk.

Saat ona çeyrek var.

Saat ona beş var.

Saat on iki.

Die Tageszeit

Sabah heißt „der Morgen" und „am Morgen."

Akşam heißt „der Abend" und „am Abend."

* In der gesprochenen Sprache wird **saat** häufig weggelassen.

Alis Tagesablauf

Sieh dir an, was Ali den Tag über macht, und suche die zu den Bildern passenden Uhrzeiten. Auf Seite 45 steht die Lösung.

a b c d e f g h

1

Ali saat yedi buçukta kalkar.

2

Saat sekizde kahvaltı yapar.

3

Saat dokuza çeyrek kala okula gider.

4

Saat yarımda öğle yemeği yer.

5

Saat ikiyi on geçe futbol oynar.

6

Saat beşi çeyrek geçe televizyon seyreder.

7

Saat altıda akşam yemeği yer.

8

Saat sekiz buçukta* yatağa gider.

Wieviel Uhr ist es?

Kannst du auf türkisch sagen, wie spät es auf den verschiedenen Uhren ist?

* **Buçuk** plus **-da** wird zu **buçukta** erhärtet.

Sich verabreden

Du willst Freunde treffen, etwas unternehmen?

Neue Wörter

ne zaman?	wann?
olur	ja, gut; okay
olmaz	das geht nicht
tamam	in Ordnung
görüşmek üzere	bis dann
hoşça kal	tschüs
gidelim mi?	gehen wir?
sinema	Kino
doğum günü	Geburtstag
partim	meine Party
tiyatro	Theater
öğleden sonra	Nachmittag
çok güzel	sehr schön, sehr gut
yarın	morgen
bugün	heute

Die Wochentage

pazartesi	Montag
salı	Dienstag
çarşamba	Mittwoch
perşembe	Donnerstag
cuma	Freitag
cumartesi	Samstag
pazar	Sonntag
pazartesi günü	am Montag
salı günü	am Dienstag

Tennis

Schwimmen

Ins Kino gehen

* **-mek/-mak** plus **-e** bzw. **-a** wird zu **-meye** bzw. **-maya**; z. B. **yüzmeye** (zum Schwimmen).

Auf eine Party gehen

Dein Terminkalender

In deinem Kalender steht, was du diese Woche vorhast. Kannst du mit Hilfe des Kalenders die Fragen unten beantworten? Auf Seite 45 stehen die Antworten.

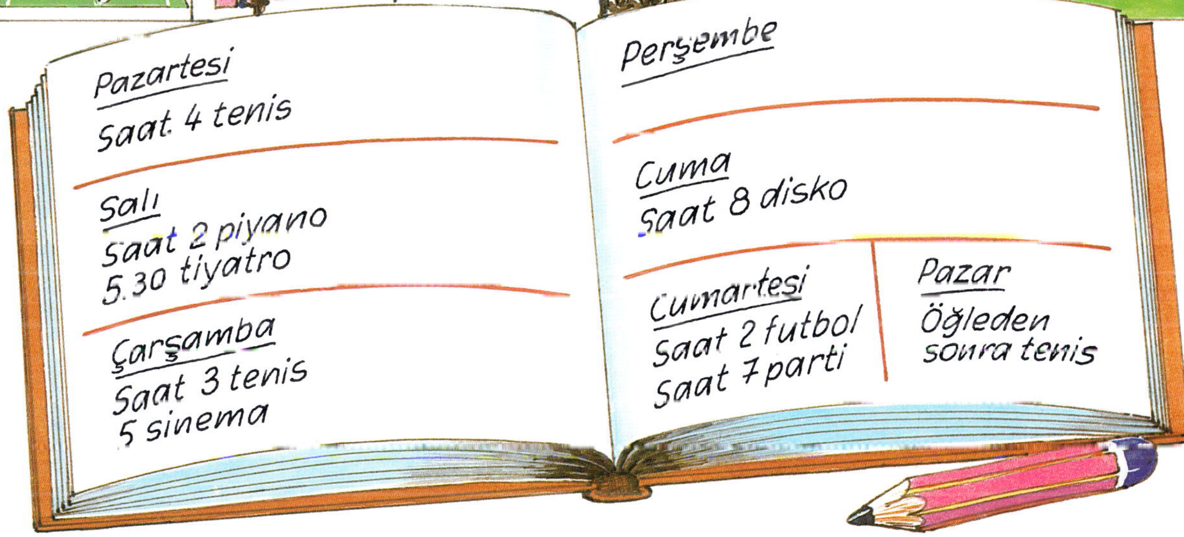

Cuma günü ne yapıyorsun?
Ne zaman tenis oynuyorsun?
Ne zaman piyano çalıyorsun?
Saat kaçta sinemaya gidiyorsun?
Saat kaçta diskoya gidiyorsun?
Ne zaman tiyatroya gidiyorsun?

Die Endung **-a/-e** drückt die Richtung aus, in die jemand geht: **nereye?** (wohin).

okul-a	in die Schule
ev-e	nach Hause
sinema-y-a*	ins Kino
parti-y-e*	zur Party

* **y** ist hier wieder Füllkonsonant zwischen zwei Vokalen.

Nach dem Weg fragen

Hier erfährst du, wie man sich nach dem richtigen Weg erkundigt.

Neue Wörter

affedersin(iz)	entschuldige(n Sie)
bir şey değil	keine Ursache
postane	Post
çarşı meydanı	Marktplatz
çarşı meydanında	auf dem Marktplatz
düz	geradeaus
sağda	rechts
solda	links
sağa	nach rechts
sola	nach links
burdan	von hier aus
lütfen	bitte
sonra	dann, danach
yakınlarda	in der Nähe
kahve	Kaffee
pastane	Konditorei, Café*
uzak mı?	ist es weit?
hemen	gleich
yaya	zu Fuß
karşıda	da drüben
postanenin karşısında	gegenüber der Post
süpermarketin yanında	neben dem Supermarkt
Atatürk Caddesinde	in der Atatürkstraße
git!	geh!
gidin!	gehen Sie!

Richtungen

Entschuldigen Sie ...

So sagst du „Entschuldigung", wenn du nach etwas fragst.

Wenn sich jemand bei dir bedankt, so sagst du **bir şey değil** (keine Ursache).

Wo ist ...?

* Immer mehr verbreitet, vor allem in größeren Städten, ist das Wort **kafe** für Café.

Ist hier irgendwo ...?

Ist es weit?

Wichtige Orte

istasyon	benzin istasyonu	tuvalet	posta kutusu
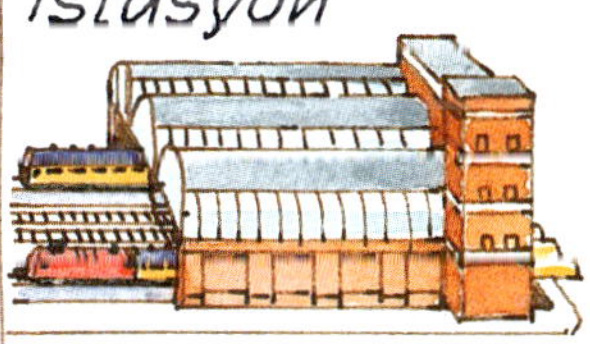			
Bahnhof	Tankstelle	Toilette	Briefkasten
telefon kulübesi	kamp yeri	hastane	havaalanı

Telefonzelle	Campingplatz	Krankenhaus	Flughafen

Sich zurechtfinden

Hier steht, wie du nach dem Weg fragst. Wenn du Lust hast, versuche die Fragen auf der gegenüberliegenden Seite zu beantworten (siehe Seite 45).

Neue Wörter

... nasıl gidilir?	wie kommt man ...?	**istasyona kadar**	bis zum Bahnhof
ilk	erste, nächste	**turizm bürosu**	Touristeninformation
birinci	erste	**araba ile**	mit dem Auto
ikinci	zweite	**cami**	Moschee
üçüncü caddeden	von der dritten Straße aus	**pazar yeri**	Marktplatz
dönmek	abbiegen	**belediye binası**	Rathaus
orada	dort	**çarşı**	Bazar
...-e/-a kadar	bis zu ...	**yüzme havuzu**	Schwimmbad

Richtungsformen:

Die Silbe **-e/-a** (kleine Vokalharmonie) steht für „zu"oder „nach" und gibt auf die Frage **nereye?** (wohin) die Richtung an: z. B. **cami-y-e** (zur Moschee), **sol-a** (nach links).

Die Silbe **-den/-dan** steht für „von" oder „aus" und antwortet auf **nereden?** (woher): z. B. **ev-den** (aus dem Haus, von zu Hause). Auch bei der Wegbeschreibung wird sie verwendet: **üçüncü caddeden** (von der 3. Straße aus).

In Tokat

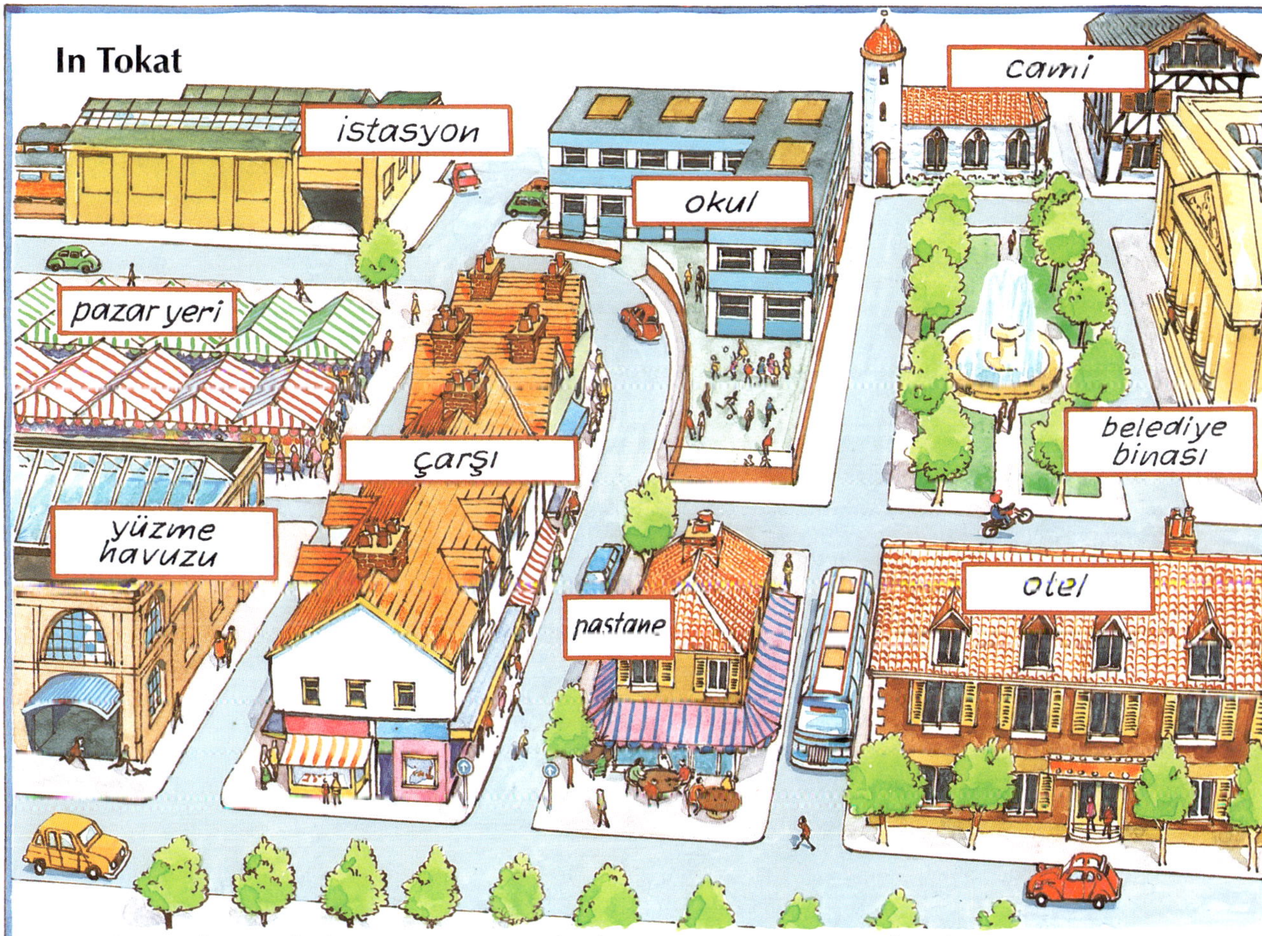

Frag jemanden nach dem Weg zum Marktplatz. Frag, ob es in der Nähe ein Café gibt. Kannst du den Weg vom Hotel zum Markt erklären? Kannst du den Leuten im gelben Auto sagen, wie sie zur Moschee kommen? Wohin kommt das gelbe Auto, wenn der Fahrer dieser Anweisung folgt: **İkinci caddeden sola dönün ve düz gidin ... hemen sağda.** (Auf Seite 45 findest du die Antworten.)

Beim Einkaufen

Hier lernst du, was die Türken beim Einkaufen sagen.

Geld

Die türkische Währung ist **Türk Lirası (TL)**, in der Umgangssprache sagt man **lira**. Die kleinere Währungseinheit **kuruş** (Pfennig) ist nach letzten Abwertungen kein Zahlungsmittel mehr. Die Zahlen findest du auf Seite 40.

Neue Wörter

alışveriş	Einkaufen
alışverişe gitmek	zum Einkaufen gehen
fırın	Bäckerei
almak	kaufen, nehmen
fırından ekmek alıyor	er/sie/es kauft Brot in der Bäckerei
arzu	Wunsch
başka?	was sonst noch?
başka arzunuz var mı?	haben Sie noch einen Wunsch?
hepsi	alles (zusammen)
ne kadar ediyor?	wieviel macht das?
para	Geld
bakkal	Lebensmittelhändler
manav	Obst- und Gemüsehändler
kasap	Metzger
süt	Milch
yumurta	Ei
meyve	Obst
sebze	Gemüse
et	Fleisch
ekmek	Brot
simit	Sesamkringel
pide	Fladenbrot
çörek	rundes Gebäck
somun	runder Brotlaib
elma	Apfel
domates	Tomate
litre	Liter
yarım kilo	ein halbes Kilo

Arzu Hanım geht einkaufen

Arzu hanım alışverişe gidiyor.

Fırından* ekmek alıyor.

In der Bäckerei

* Im Türkischen sagt man, man kauft „von der Bäckerei" (**fırından**) statt „in der Bäckerei".

Bakkaldan süt ve yumurta alıyor.

Manavdan meyve ve sebze alıyor.

Kasaptan* et alıyor.

Im Lebensmittelgeschäft

Auf dem Markt

* Nach **p**, **t**, **ç**, **ş**, **h**, **f**, **k**, **s** wird **d** zu **t** erhärtet.

Einkaufen und Bestellen

Natürlich mußt du nach Preisen fragen können:

Neue Wörter

... kaça?	was kostet ...?
fiyatı ne kadar?	wieviel kostet es?
tane	Stück
gül	Rose
kartpostal	Postkarte
üzüm	Trauben
fincan	Tasse
ne kadar?	wieviel macht das?
elma	Apfel
limon	Zitrone
portakal	Orange
muz	Banane
şeftali	Pfirsich
limonata	Limonade
çay	Tee
adaçayı	Salbeitee
portakal suyu	Orangensaft
ayran	Joghurtgetränk
pastanede	in der Konditorei, im Café
tatlılar	Süßigkeiten
baklava	gefüllter Blätterteig
revani	Gries-Süßspeise
dondurma	Eis
hangisi?	welche(r/s)?

Was kostet ...?

Im Café

* wörtlich „ihr Kilo"
** wörtlich „ihr Stück"

Obst kaufen

Alle Obstsorten sind mit Namen und Preis bezeichnet.

Kannst du die Fragen unter dem Bild beantworten?

Wie sagst du dem Verkäufer, daß du vier Zitronen, ein Kilo Bananen und eine Ananas willst? Was kostet jede Obstsorte einzeln? Was macht das zusammen?

Hangisi (hier: „was kostet") iki bin lira?
Hangisi iki bin altı yüz lira?
Hangisi yüz lira?
Hangisi üç bin beş yüz lira?

Im Café bestellen

Hier sind einige leckere Sachen, die du vielleicht bestellen willst.

Monate, Jahreszeiten und das Datum

Neue Wörter

ay	der Monat
bugün ayın kaçı?	der Wievielte ist heute?
yıl	das Jahr
yılın	des Jahres
yılın ikinci ayı*	der zweite Monat des Jahres
bugün	heute
doğum günü	Geburtstag
doğum günün	dein Geburtstag

Die Jahreszeiten

ilkbahar	Frühling
yaz	Sommer
sonbahar	Herbst
kış	Winter

Die Monate

ocak	Januar
şubat	Februar
mart	März
nisan	April
mayıs	Mai
haziran	Juni
temmuz	Juli
ağustos	August
eylül	September
ekim	Oktober
kasım	November
aralık	Dezember

Die Jahreszeiten

Erster, zweiter, dritter ...

Birinci heißt „erste(r/s)", **ikinci** „zweite(r/s)", **üçüncü** „dritte(r/s)", **altıncı** „sechste(r/s)", **onuncu** „zehnte(r/s)." An die Grundzahl **bir**, **iki**, **üç**, ... wird die Endung **-inci**, **-ıncı**, **-üncü**, **-uncu** angehängt, je nach dem letzten Vokal der Grundzahl. Erinnerst du dich an die große Vokalharmonie? Nach **a**, **ı** in der letzten Silbe folgt die Endung **-ıncı**, nach **o**, **u** folgt **-uncu**, nach **i**, **e** kommt **-inci** und nach **ö**, **ü** folgt **-üncü**.

Und die anderen Monate, an welcher Stelle kommen sie?

* **Ayı** heißt wörtlich „sein Monat".

Das Datum

Das Datum schreiben

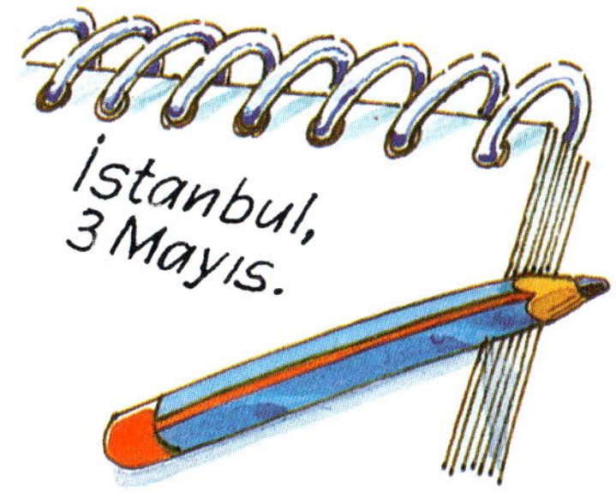

Im Türkischen nennst du zuerst die Grundzahl für den Tag, dann folgt der Monatsname.

Wann hast du Geburtstag?

-de, **-da** heißt hier „am".

Wann ist ihr Geburtstag?

Bei Özlem sagst du: **Özlem'in doğum günü iki Nisanda**. Und wie ist das bei den anderen?

Özlem	Yalçın	Menekşe	Özge	Tuncay	Tarık

2 Nisan	21 Haziran	18 Ekim	31 Ağustos	3 Mart	7 Eylül

* Bei Eigennamen steht zwischen dem Wort und der Endung ein Apostroph.

Farben und Zahlen

Farbbezeichnungen können als Hauptwörter verwendet werden („das Rot") oder als beschreibende Wörter: „das Haus ist rot" (**ev kırmızı**) oder „das rote Haus" (**kırmızı ev**).

Die Farben

Welche Farbe hat ...?

Deck das Bild oben zu. Kannst du sagen, welche Farben die Dinge auf dem nebenstehenden Bild haben? (Auf Seite 45 kannst du nachschauen.)

Zahlen

Im Türkischen sprichst du die Zahlen so aus, wie du sie schreibst, also die Zehner **vor** den Einern. Von 30 bis 39 zählst du genauso wie von 20 bis 29.

1	bir	11	on bir	21	yirmi bir	31	otuz bir	101	yüz bir
2	iki	12	on iki	22	yirmi iki	40	kırk	200	iki yüz
3	üç	13	on üç	23	yirmi üç	50	elli	500	beş yüz
4	dört	14	on dört	24	yirmi dört	60	altmış	1000	bin
5	beş	15	on beş	25	yirmi beş	70	yetmiş	2000	iki bin
6	altı	16	on altı	26	yirmi altı	80	seksen	2500	iki bin beş yüz
7	yedi	17	on yedi	27	yirmi yedi	90	doksan	3000	üç bin
8	sekiz	18	on sekiz	28	yirmi sekiz	100	yüz (nie: bir yüz)	5000	beş bin
9	dokuz	19	on dokuz	29	yirmi dokuz			9000	dokuz bin
10	on	20	yirmi	30	otuz			10000	on bin

Die türkische Aussprache

Die türkische Sprache hat fast alle Laute, die das Deutsche auch kennt. Deswegen ist die Aussprache des Türkischen für einen Deutschsprechenden nicht sehr schwer. Du mußt dir jedoch die folgende Liste genau ansehen. Sie ist ein Wegweiser für die türkische Aussprache. Lies die fettgedruckten Aussprachebeispiele immer wieder laut.

b, d, f, g, k, m, n, p, t werden wie im Deutschen ausgesprochen.

a kurzes „a" wie in „Papa" (**baba**)

c wie „dsch" in „Dschungel", „Gentleman"; z. B. **cuma** (Freitag)

ç wie „tsch" in „Tschech" (**Çek**)

e kurzes „ä" wie in „Äste", z. B. **elma** (Apfel)

ğ weiches „g", nur schwach hörbar: **ağaç** (sprich „a-atsch", Baum), **öğle** (sprich „öile", Mittag)

h im Anlaut wie im deutschen „Hand", z. B. **hepsi** (alles); sonst wie ein schwaches „ch", z. B. **Mehmet, Melih**

ı kurzes dumpfes „i"; ı wird gesprochen wie das „e" in „machen", z. B. **altı** (zehn), **allahaısmarladık** (auf Wiedersehen)

i meist kurz

j wie in „Journal"; z. B. **garaj** (Garage)

l in Verbindung mit hellen Vokalen und vor „a" wie im Deutschen, z. B. **elli** (fünfzig), **lale** (Tulpe). In Verbindung mit dunklen Vokalen wird **l** ziemlich dunkel ausgesprochen, z. B. **hala** (Tante)

o meist kurz; z. B. **okul** (Schule)

ö meist kurz; z. B. **ödemek** (bezahlen)

r wie ein gerolltes „r" im Deutschen; im Auslaut stimmlos, z. B. **hayır** (nein)

s stimmlos wie das doppelte „s" in „Wasser" (**su**)

ş wie „sch" im Deutschen, z. B. **beş** (fünf), **şarap** (Wein)

u meist kurz

ü meist kurz

v wie das deutsche „w", z. B. **ev** (Haus)

y wie das deutsche „j", z. B. **yeşil** (grün)

z stimmhaftes „s" wie im deutschen „Sahne", z. B. **zengin** (reich), **az** (wenig)

Sprachregeln

Jede Sprache folgt Regeln, Grammatik genannt, die beschreiben, wie die Sprache funktioniert und benutzt werden kann. Sprachregeln sind also auch Gebrauchsanweisungen. Jede Sprache hat ihre eigenen Regeln. Auf den folgenden drei Seiten findest du einige wichtige Regeln der türkischen Sprache zusammengefaßt. Es sind dieselben, die schon vorn im Buch erläutert wurden: Neben den Regeln für Satzbau und Wortbildung geht es um die Vokalharmonie und die türkischen Verben. Lies die Regeln von Zeit zu Zeit durch, es lohnt sich: Du wirst Türkisch noch leichter lernen, wenn du weißt, wie es funktioniert.

Der Satzbau

Der Satz im Türkischen ist durch die Reihenfolge Subjekt - Objekt - Verb gekennzeichnet:
Mustafa gazete okuyor
Mustafa Zeitung liest

Das Personalpronomen **ben** (ich), **sen** (du) usw. entfällt, wenn es nicht betont ist:
– gazete okuyorum
ich Zeitung lese

Wortbildung

Alle grammatischen Formen werden durch Endungen angezeigt, die aneinandergefügt

werden. Das Türkische nennt man deswegen eine agglutinierende Sprache:
kitap -lar -ım -da (in meinen Büchern)
Büch -er mein in
anne -m -de (bei meiner Mutter)
Mutter mein bei

Im Türkischen gibt es keinen bestimmten Artikel (der/die/das). Auch der unbestimmte Artikel **bir** (ein/eine), der mit dem Zahlwort „eins" identisch ist, kommt kaum vor.

Das Lautgesetz der Vokalharmonie

Im Türkischen werden innerhalb eines Wortes die Vokale einander angeglichen: Hellen Vokalen (**e, i, ö, ü**) folgen helle Vokale, dunklen Vokalen (**a, ı, o, u**) folgen dunkle Vokale. Die Vokalharmonie gilt für alle grammatischen Endungen (Suffixe), z. B. Plural-, Deklinations-, Konjugations- u. Possessivsuffixe.

Kleine Vokalharmonie

Ist der letzte Vokal hell (**e, i, ö, ü**), dann muß das Suffix ein **e** enthalten. Ist der letzte Vokal dunkel (**a, ı, o, u**), muß das Suffix ein **a** enthalten.
Die kleine Vokalharmonie tritt bei folgenden Suffixen auf:

1. Plural: -ler, -lar
kitaplar (Bücher), **evler** (Häuser), **kapılar** (Türen), **kediler** (Katzen)

2. Richtungsform: -e, -a (nereye? „wohin?")

İstanbul'a	nach Istanbul
eve	nach Hause
Berlin'e	nach Berlin

Nach Eigennamen geht dem Suffix ein Apostroph voraus. Bei vokalisch auslautenden Wörtern wird vor dem Suffix ein **-y** eingeschoben: **odaya** (ins Zimmer), **Ali'ye** (zu Ali), **Ankara'ya** (nach Ankara).

3. Ablativ: -den, -dan (nereden? „woher?")

odadan	aus dem Zimmer
evden	aus dem Haus
Köln'den	aus Köln

Nach stimmlosen (harten) Konsonanten **p, t, ç, h, f, ş, s, k** wird **-den** zu **-ten** bzw. **-dan** zu **-tan** verhärtet: **Sıvas'tan** aus **Sıvas**.

4. Lokativ: -de, -da (nerede? „wo?")

evde	im Haus, zu Hause
çarşıda	auf dem Markt
Ankara'da	in Ankara

Nach stimmlosen Konsonanten wird **-de** zu **-te** bzw. **-da** zu **-ta** verhärtet: **Tokat'ta** (in Tokat).

Große Vokalharmonie

Nach **e** und **i** folgt **i** (z.B. **Ali mi?**),
nach **a** und **ı** folgt **ı** (z.B. **Miraç mı?**),
nach **ö** und **ü** folgt **ü** (z.B. **Ülkü mü?**),
nach **o** und **u** folgt **u** (z.B. **Dursun mu?**).

Ist der letzte Vokal also ein **e** oder **i**, so muß das Suffix ein **i** enthalten usw. Die große Vokalharmonie tritt bei folgenden Suffixen auf:

1. Possessivsuffix: -im, -ım, -üm, -um (mein)

arkadaş	Freund
arkadaşım	mein Freund
arkadaşın	dein Freund
arkadaşı	sein/ihr Freund
arkadaşımız	unser Freund
arkadaşınız	euer /Ihr Freund
arkadaşları	ihr Freund

Beachte: Bei einem vokalisch auslautenden Substantiv verändert sich die Possessivendung folgendermaßen:

anne	Mutter
annem	meine Mutter
annen	deine Mutter
annesi	seine/ihre Mutter
annemiz	unsere Mutter
anneniz	eure/Ihre Mutter
anneleri	ihre Mutter

2. Frageform
Sie wird mit den Fragepartikeln **-mi, -mı, -mü, -mu** gebildet. Die Fragepartikeln werden dem Wort nachgestellt, nach dem gefragt wird. Wenn der Satz schon ein Fragewort enthält (**nerede** „wo", **nereye** „wohin", **kim** „wer", **ne** „was"), gibt es keine Fragepartikeln.

Bu gazete mi?	Ist das eine Zeitung?
Bu kitap mı?	Ist das ein Buch?
Gül güzel mi?	Ist die Rose schön?
Bu televizyon mu?	Ist das ein Fernseher?

Das Hilfsverb „sein"

Im Türkischen ist das Präsens des Hilfsverbs „sein" ein Suffix, das folgende Formen hat:

-im, -ım, -üm, -um	(ich bin)
-sin, -sın, -sün, -sun	(du bist)
-(keine Endung)	(er/sie/es ist)
-iz, -ız, -üz, -uz	(wir sind)
-siniz, -sınız, -sünüz, -sunuz	(ihr seid/Sie sind)
-ler, -lar	(sie sind)

ev güzel	das Haus ist schön
bu, kitap	das ist ein Buch
Türküm	ich bin Türke/Türkin
İngilizler/onlar İngiliz	sie sind Engländer

Merke: Wenn in der 3. Person Plural das Personalpronomen **onlar** steht, entfällt die Endung **-ler** bzw. **-lar**.
Bei vokalisch auslautendem Wort wird als Füllkonsonant **-y** eingefügt: **hasta** (krank), **hastayım** (ich bin krank), **on yaşındayım** (ich bin zehn Jahre alt; wörtlich: ich bin im Alter von 10), **iyiyim** (mir geht`s gut; wörtlich: ich bin gut).
Bei der Verneinung von „sein" steht das Verneinungswort **değil** getrennt hinter dem Wort, das verneint werden soll. Das Suffix für „sein" wird an **değil** angehängt:

Türküm	ich bin Türke
Türk değilim	ich bin kein Türke

Tätigkeitswörter (Verben)

Im Türkischen gibt es zwei Formen der Gegenwart: die bestimmte (die Handlung findet im Augenblick statt) und die unbestimmte (die Handlung drückt eine Gewohnheit oder allgemeine Tatsache aus).

1. Die bestimmte Gegenwart

Bei vokalisch auslautendem Stamm wird die Tempusendung **-yor** und die Personalendung angehängt:

okumak	lesen
oku-yorum	ich lese
oku-yorsun	du liest
oku-yor	er/sie liest
oku-yoruz	wir lesen
oku-yorsunuz	ihr lest/Sie lesen
oku-yorlar	sie lesen

Merke als Ausnahme: Bei Verbstämmen, die auf **a** oder **e** auslauten, gleicht sich dieser Auslautvokal nach der großen Vokalharmonie an den vorhergehenden Vokal an: **oynamak** (spielen), **oynuyorum** (ich spiele).
Bei auf **a** und **e** auslautendem Stamm wird **a** zu **ı** und **e** zu **i** geschwächt: **demek** (sagen), **diyorum** (ich sage).

Bei konsonantisch auslautendem Stamm wird ein **i**, **ı**, **ü**, **u** eingeschoben: **gelmek** (kommen), **gel-i-yorum** (ich komme).

Merke: Bei **etmek** und **gitmek** wird das **t** des Stamms zu **d** erweicht: **ediyorum**, **gidiyorum**.

Die Verneinung des Verbs in der bestimmten Gegenwart
Die Verneinungssuffixe **-mi**, **-mı**, **-mü**, **-mu** werden zwischen den Verbstamm und die Tempusendung eingefügt:
gelmek, **geliyorum**, **gel-mi-yorum**
kommen, ich komme, ich komme nicht
almak, alıyorum, almıyorum
kaufen, ich kaufe, ich kaufe nicht
okumak, **okuyorum**, **okumuyorum**
lesen, ich lese, ich lese nicht

2. Die unbestimmte Gegenwart

Bei vokalisch auslautendem Stamm wird die Tempusendung **-r** und die Personalendung angehängt :

istemek	wollen
iste-r-im	ich will
iste-r-sin	du willst
iste-r	er/sie will
iste-r-iz	wir wollen
iste-r-siniz	ihr wollt/Sie wollen
iste-r-ler	sie wollen

Bei einsilbigem, konsonantisch auslautendem Stamm wird **-er** bzw. **-ar** (kleine Vokalharmonie) und die Personalendung angehängt:

yüzmek	schwimmen
yüz-er-im	ich schwimme
yüz-er-sin	du schwimmst
yüz-er	er/sie schwimmt
yüz-er-iz	wir schwimmen
yüz-er-siniz	ihr schwimmt/Sie schwimmen
yüz-er-ler	sie schwimmen

Bei zwei- oder mehrsilbigem, konsonantisch auslautendem Stamm wird **-ir, -ır, -ür, -ur** (große Vokalharmonie) angehängt:

konuşmak	sprechen
konuş-ur-um	ich spreche

Bei den meisten einsilbigen Stämmen, die auf **-l** oder **-r** enden, wird **-ir, -ır, -ür, -ur** (große Vokalharmonie) angehängt:

vermek	geben
ver-ir-im	ich gebe

Ausnahme: **güler** (er lacht), **çalar** (er spielt)

Die Verneinung des Verbs in der unbestimmten Gegenwart
Am besten, du lernst die gesamte Suffixform, die aus dem Verneinungssuffix **-me/-ma** (kleine Vokalharmonie) und der Personalendung besteht:
okumak (lesen)
oku-ma-m (ich lese nicht)**, oku-ma-zsın, oku-ma-z, oku-ma-yız, oku-ma-zsınız, oku-ma-zlar**

sevmek (lieben, mögen)
sevmem (ich liebe nicht)**, sevmezsin, sevmez, sevmeyiz, sevmezsiniz, sevmezler**

Antworten

Seite 7

Wie heißen diese Leute?
Onun adı Musa. Onun adı Ayşe.
Onların adı Salih ve Tarık.
Benim adım ...

Wer ist wer?
Halil spricht mit Sinan.
Fatma spricht mit Özlem.
Halil schwimmt unten rechts mit der grünen Bademütze.
Sinan spricht mit ihm.
Murat liest Zeitung.
Der Mann, der sich von Murat verabschiedet, geht nach Hause.

Erinnerst du dich?
Adın ne?
Benim adım ...
Bu arkadaşım. Adı Fatma.
Arkadaşımın adı Ali.

Seite 9

Erinnerst du dich?
Ağaç, ağaçlar; araba, arabalar; baca, bacalar; çatı, çatılar; çiçek, çiçekler; ev, evler; kedi, kediler; köpek, köpekler; kapı, kapılar; kuş, kuşlar; pencere, pencereler.

Seite 11

Wer kommt woher?
Franz kommt aus Österreich.
Sie heißen Hari und Indira.
Ja, Marie und Pierre kommen aus Frankreich.
Nein, Lolita ist Spanierin.
Hari und Indira kommen aus Indien.
Ja, Angus ist Schotte.
Pierre ist Franzose.
János wohnt in Budapest.

Seite 13

Wie alt sind sie?
Ali ist 14.
Özge und Özlem sind 15.
Murat ist 12.
Ayşe ist 11.
Tuncay ist 9.
Selma ist 5.

Wie viele Mädchen, wie viele Jungen?
İki kız; bir erkek; beş kız; bir köpek; üç kız; on kız.

Seite 17

Wo stecken sie alle?
Dede yemek odasında.
Hayalet yatak odasında;
anne yatak odasında.
Yılmaz mutfakta.
Musa banyoda.
Nine oturma odasında.
Hayalet yatak odasında.
Köpek yemek odasında.
Musa banyoda.

Seite 19

Wo verstecken sich die Tiere?
Hamster vazonun içinde.
(**Vazonun: n** ist hier Füllkonsonant zwischen zwei Vokalen.)
Kedi televizyonun arkasında.
Köpek dolabın içinde.
(**P** wird zu **b** erweicht (**dolabın**), wenn eine vokalische Endung angehängt wird.)
Kuş rafın üstünde.
Yılan kanepenin arkasında.
Kaplumbağa telefonun yanında.

Seite 21

Wer mag was?
Songül en çok meyvalı turta sever.
Yılmaz jambon sevmez.
Goril muz sever.
Tuncay peynir sever.
... severim.
... sevmem.

Seite 23

Wer sagt was?
„Acıktım!"
„Afiyet olsun!"
„Buyur!"
„Bana bir bardak su verir misin?"
„Biraz daha patates kızartması ister misin?"
„Evet, lütfen!"
„Teşekkürler, yeter!"
„Harika!"

Seite 25

Was machen sie?
A. Yemek pişiriyor. B. Yüzüyor. C. Dans ediyorlar. D. Keman çalıyor. E. Resim yapıyor.

Frage und Antwort

„Ne yapıyorsun?"	„Yemek pişiriyorum."
„Ne yapıyorsun?"	„Yüzüyorum."
„Ne yapıyorsun?"	„Dans ediyorum."
„Ne yapıyorsun?"	„Keman çalıyorum."
„Ne yapıyorsun?"	„Resim yapıyorum."

Seite 27

Alis Tagesablauf
1b, 2e, 3f, 4a, 5h, 6g, 7d, 8c.

Wieviel Uhr ist es?
a. Saat üçü beş geçiyor.
b. Saat on biri beş geçiyor.
c. Saat dokuza altı var.
d. Saat dörde çeyrek var. (Beachte: **t** (**dört**) wird zu **d** (**dörde**) erweicht.)
e. Saat üçü yirmi dört geçiyor.
f. Saat yedi buçuk.
g. Saat üç. h. Saat dört. i. Saat dokuz.
j. Saat bir buçuk.
k. Saat yediyi beş geçiyor.
l. Saat on buçuk. m. Saat altı.
n. Saat dörde yirmi beş var.
o. Saat ikiye altı var.

Seite 29

Dein Terminkalender
Cuma günü diskoya gidiyorum.
Pazartesi ve çarşamba günü tenis oynuyorum.
Salı günü piyano çalıyorum.
Saat beşte sinemaya gidiyorum.
Saat sekizde diskoya gidiyorum.
Saat beş buçukta tiyatroya gidiyorum.

Seite 33

In Tokat
Pazar yerine nasıl gidilir?
Affedersiniz! Yakınlarda pastane var mı?
Düz gidin ve üçüncü caddeden sağa dönün.
Pazar yeri solda.
Üçüncü caddeden sola dönün ve düz gidin!
Okula (zur Schule)

Seite 37

Obst kaufen
Dört tane limon, bir kilo muz ve bir tane ananas istiyorum.
Dört tane limon dört yüz lira. Bir kilo muz beş bin lira. Bir tane ananas yedi bin lira.
Hepsı on ıkı bin dört yüz lira.
Bir kilo elma; bir kilo portakal; limon; bir kilo şeftali.

Seite 40

Welche Farbe hat ...?
Cadde gri. Güneş sarı. Baca turuncu. Gökyüzü mavi. Çiçekler pembe. Köpek kahverengi. Kuş siyah. Araba kırmızı. Ağaç yeşil. Ev beyaz.

Alphabetische Wortliste

acıktım	ich habe Hunger
ad	Name
ada	Insel
adaçayı	Salbeitee
affedersin!	entschuldige!
affedersiniz!	entschuldigen Sie!
afiyet olsun!	guten Appetit!
ağaç	Baum
ağustos	August
aile	Familie
akşam	Abend, am Abend
akşamları	abends
alışveriş	Einkauf
alisverise gitmek	einkaufen gehen
alışveriş yapmak	einkaufen
allahaısmarladık	auf Wiedersehen (sagt der, der geht)
Almanca	deutsch
Almanya	Deutschland
altı	sechs
-in altında	unter
altmış	sechzig
ama	aber
amca	Onkel (Bruder des Vaters)
anne	Mutter
apartman	Wohnung
aralık	Dezember
aramak	suchen
-in arasında	zwischen
arkadaş	Freund, Freundin
-in arkasında	hinter
arzu	Wunsch
Avusturya	Österreich
Avusturyalı	Österreicher
ay	Monat, Mond
ayran	Joghurtgetränk
baba	Vater, Papa
bakkal	Lebensmittelhändler
baklava	gefüllter Blätterteig
balık	Fisch
bana	mir
banyo	Bad
bardak	Glas
başka	andere(r/s); noch etwas
belediye binası	Rathaus
ben	ich
benim	mein
benzin istasyonu	Tankstelle
beş	fünf
... Bey	Herr ...
beyaz	weiß
bilmek	wissen, sprechen (Fremdsprache)
bir	ein
biraz	ein bißchen
birinci	der/die/das erste
biz	wir
bizim	unser
börek	mit Käse oder Hackfleisch gefüllter Blätterteig
böyle	so
bu	das hier (ist)
buçuk	halb
büyük	groß
büyükanne	Großmutter
büyükbaba	Großvater
bugün	heute
bunlar	das hier (sind)
bur(a)da	hier
buyur	bitte sehr
cadde	Straße
cami	Moschee
cuma	Freitag
cumartesi	Samstag
çalmak	(ein Instrument) spielen
çarşamba	Mittwoch
çarşı	Markt
çatı	Dach
çay	Tee
çeyrek	Viertel
çiçek	Blume
çit	Zaun
çocuk	Kind
çörek	rundes Gebäck
çok	sehr
daha	mehr
daha çok	lieber
dans	Tanz
dans etmek	tanzen
dayı	Onkel (Bruder der Mutter)
dede	Opa
değil	nicht
demek	es heißt
dilim	Scheibe
disko	Diskothek
divan	Sofa
dönmek	sich drehen, einbiegen
dört	vier
doğum günü	Geburtstag
dokuz	neun
doksan	neunzig
dolap	Schrank
domates	Tomate
dondurma	Eis
düz	flach, geradeaus
eczane	Apotheke
efendim	mein Herr
ekim	Oktober
ekmek	Brot
el	Hand
elisleri	Handarbeiten
elli	fünfzig
elma	Apfel
en çok	am meisten
enişte	Onkel (angeheiratet)
enstrüman	Instrument
erkek	Mann
erkek kardeş	Bruder
esmer	dunkelbraun
et	Fleisch
ev	Haus
evde	zu Hause, im Haus
evet	ja
eylül	September
fena	schlecht
fırın	Backofen, Bäckerei
fincan	Tasse
Fransa	Frankreich
Fransız	Franzose
futbol	Fußball
garaj	Garage
gece	Nacht
gelmek	kommen
genç	jung, der Junge
gitmek	gehen
görüşmek	sehen
görüşmek üzere	bis bald
gri	grau
gül	Rose
güle güle	auf Wiedersehen (sagt der, der zurückbleibt)
gün	Tag
günaydın	guten Morgen
güneş	Sonne
güzel	schön

hala	Tante (Schwester des Vaters)
halı	Teppich
... Hanım	Frau ...
hanımefendi	gnädige Frau
harika	wunderbar
hastane	Krankenhaus
havaalanı	Flughafen
hayalet	Gespenst
hayır	nein
haziran	Juni
hemen	sofort
hepsi	alle(s)
Hindistan	Indien
Hintli	Inder(in)
hoş	freundlich
hoşça kal	tschüs
-in içinde	in
iki	zwei
ikinci	der/die/das zweite
ile	mit
ilkbahar	Frühling
İngilizce	englisch
İngiliz	Engländer(in)
İskoçya	Schottland
İskoçyalı	Schotte, Schottin
İspanya	Spanien
İspanyol	Spanier(in)
istemek	wollen
iş	Arbeit
işte	das ist
İtalyan	Italiener(in)
İtalya	Italien
iyi	gut
iyi değilim	mir geht es nicht gut
iyiyim	mir geht es gut
jambon	Schinken
kaç	wieviel
kafe	Café
kahvaltı	Frühstück
kahve	Kaffee
kahverengi	braun
kalkmak	aufstehen
kalmak	bleiben
kamp (yeri)	Camping(platz)
kanepe	Sofa
kapı	Tür
kardeş	Geschwister
karşıda	da drüben
kartpostal	Postkarte
kasap	Metzger
kasım	November
kayıp	verloren (-gegangen)
kedi	Katze
keman	Geige
kırk	vierzig
kırmızı	rot
kış	Winter
kısa boylu	klein (Körpergröße)
kız	Mädchen
kız kardeş	Schwester
kim	wer
kitap	Buch
köpek	Hund
kötü	furchtbar
köy	Dorf
koltuk	Sessel
konuşmak	sprechen
küçük	klein
kuş	Vogel
lahmacun	eine Art Pizza
limon (suyu)	Zitrone(nsaft)
limonata	Limonade
litre	Liter
lütfen	bitte
maalesef	leider
Macar	Ungar(in)
Macaristan	Ungarn
makarna	Nudeln
manav	Obst- und Gemüsehändler
market	Supermarkt
mart	März
masa	Tisch
mavi	blau
mayıs	Mai
merhaba	hallo
meydan	Platz
meyvalı	Obst-, mit Obst
meyvalı turta	Obsttorte
meyve	Obst
meze	Vorspeise
muzik	Musik
mutfak	Küche
muz	Banane
nasıl	wie
nasılsın	wie geht es dir
ne	was
nerede	wo
nereden	woher
nereli	woher stammend
nereye	wohin
ne zaman	wann
nisan	April
o	er/sie/es
ocak	Januar
oda	Zimmer
okul	Schule
okumak	lesen
olmaz	das geht nicht
olur	das geht, o.k.
on	zehn
onlar	sie (3. Pers. Pl.)
orada	dort
otel	Hotel
oturma odası	Wohnzimmer
oturmak	sich setzen, sitzen
otuz	dreißig
ödemek	zahlen
öğleden sonra	Nachmittag
öğle yemeği	Mittagessen
-in önünde	vor
örgü örmek	stricken
özel zevk	Hobby
para	Geld
parti	Party
pasta	Kuchen
pastane	Konditorei, Café
patates	Kartoffel
patates kızartması	Pommes frites, gebratene Kartoffeln
pazar	Sonntag
pazartesi	Montag
pazar yeri	Marktplatz
pek	sehr
peki	also, nun
pembe	rosa
pencere	Fenster
perde	Vorhang
perşembe	Donnerstag
peynir	Käse
pide	Fladenbrot
pilav	Reis
pirzola	Kotelett
pişirmek	kochen
piyano	Klavier
portakal (suyu)	Orange(nsaft)
posta kutusu	Briefkasten
postane	Postamt
raf	Regal
resim	Bild

resim yapmak	(ein Bild) malen
revani	Gries-Süßspeise
saat	Uhr, Stunde
sabah	der Morgen, am Morgen
sağ	rechts
sağ ol	danke
sahil	Strand
salata	Salat
salı	Dienstag
sana da	dir auch
sandalye	Stuhl
sarı	gelb
sarışın	blond
sebze	Gemüse
sekiz	acht
seksen	achtzig
sen	du
seninki	dein(e)
sevimli	liebevoll
sevmek	lieben, mögen
simit	Sesamkringel
sinema	Kino
siyah	schwarz
siz	ihr, Sie
sofra	Eßtisch, Tafel
sofraya!	zu Tisch!
sol	links
sola	nach links
somun	runder Brotlaib
sonbahar	Herbst
sonra	nach, dann
spor	Sport
su	Wasser
sucuk	Wurst
süt	Milch
şato	Schloß
şeftali	Pfirsich
şehir	Stadt
şey	Ding, Sache
şişman	dick
şöyle	so
şöyle böyle	es geht
şubat	Februar
tat	Geschmack
tane	Stück
telefon	Telefon
telefon kulübesi	Telefonzelle
televizyon	Fernseher
televizyon seyretmek	fernsehen
temmuz	Juli
tenis	Tennis
teşekkürler	danke
teyze	Tante (Schwester der Mutter)
tiyatro	Theater
Türkçe	türkisch
Türkiye	Türkei
turta	Torte
turuncu	orange
tuvalet	Toilette
uzak	weit
uzun boylu	groß (Körpergröße)
üç	drei
üçüncü	der/die/das dritte
-in üstünde	auf
üzüm	Trauben
var	es gibt
vazo	Vase
vermek	geben
ya	und
yakınlarda	in der Nähe
-in yanında	neben
yapmak	machen, tun
yarım	halb, halb eins
yarın	morgen
yaş	Alter
yaşlı	alt
yatağa gitmek	zu Bett gehen
yatak	Bett
yatak odası	Schlafzimmer
yaya	zu Fuß
yaz	Sommer
yedi	sieben
yemek	Essen
yemek yemek	essen
yemek odası	Eßzimmer
yenge	Tante (angeheiratet)
yeşil	grün
yeter	genug
yetmiş	siebzig
yirmi	zwanzig
yok	es gibt nicht
yoksa	oder (bei Alternativfragen)
yüz	hundert
yüzme havuzu	Schwimmbad
yüzmek	schwimmen
yumurta	Ei
yuva	Nest
zayıf	schwach

95 94 93 92 91 5 4 3 2 1

Handschriften: Jac Mitter

Printed in Germany

ISBN 3-7607-4563-6

Die Deutsche Bibliothek – CIP- Einheitsaufnahme

Meine ersten Wörter und Sätze
Angela Wilkes. Bilder John Shackell.
- [München] : Ars Ed.
Türkisch. - 1991
ISBN 3-7607-4563-6